Recorder Music Series

G. Finger

Sonatas

for Alto Recorder and Basso Continuo

Vol. 1

F Major Op. 3-1
C minor Op. 3-2
B♭Major Op. 3-3

Basso Continuo Realization by Seiji Ishida

G．フィンガー　ソナタ集　第１巻

ヘ長調　作品３－１
ハ短調　作品３－２
変ロ長調　作品３－３

通奏低音実施：石田誠司

RJP

★G．フィンガーについて★

ゴットフリート・フィンガーは、1660年ごろ、いまのチェコ共和国にあるオロモウツという町に生まれました。最初はクラヴィーア奏者として認められて地元の楽団で働き、1682年にはロンドンにわたり、国王ジェームズ２世の宮廷楽団に入りました。しかしまもなくこの職は辞め、以後はフリーの作曲家として、ダニエル・パーセルやジョン・エクルズらとともにオペラ作家として活躍しました。ギリシャ神話「パリスの審判」を課題とするコンテスト（1700年）では、ダニエル・パーセルに次いで第４位になっています。

その後、1701年にプロイセン国王フリードリヒ１世の王妃ゾフィー・シャルロッテに雇い入れられてドイツに渡りました。続いてインスブルック出身のカール・フィリップ公爵（のち選帝侯）に「室内楽士」として抱えられ、公に従ってニュルンベルグ、ハイデルベルグを経て1720年にマンハイムに移りました。そして、1723年以後は彼の名前が宮廷楽団の記録に見えなくなることから、このころにマンハイムで亡くなったものだろうと考えられています。

フィンガーが書いた多数のオペラ、祝祭曲、オード、仮面劇などは忘れられましたが、室内楽作品は残りました。作品１から６まで、合わせておよそ 60曲もの室内楽作品があり、リコーダーファンに愛されてきた曲も数多くあります。

フィンガーのソナタ類は、技術的に難しいところがほとんどありませんから、初級・中級者から楽しめます。バロック曲入門には最適の作品群だと言えるでしょう。

★１０のリコーダーソナタ 「作品３」 ★

フィンガーの「作品３」はアムステルダムのロジャーが出版した楽譜が残っていますが、いつごろ出版されたかはわかっていません。題名にははっきりと「DIX SONATES a 1 Flute & Basse Continue」とありますので、リコーダーと通奏低音のためのソナタです。やさしく演奏できる、比較的短いソナタ 10 曲が収録されています。

中期バロックの香りを残すスタイルで、和声にも後期バロックとは少し違う雰囲気があるほか、楽章の独立性が弱く、全体を一気に続けて演奏されるように書かれている中期バロックふうの曲もあります。

■ソナタ　ヘ長調　作品３-１

3楽章から成り、2～3楽章は続けて演奏するように書かれています。

第1楽章はアダージョ(ゆっくりと)、4分の4拍子です。短い前奏のあと、16分音符の動きを中心とする音楽がずっと続きます。 おだかやかな印象の曲で、内容的にはややスタティックな印象が強く、ドラマティックな要素は比較的に希薄ですが、後半になるといくぶん激しい動きが多くなってきます。

第2楽章はヴィヴァーチェ(生き生きと)、2分の3拍子で、おそらく第1楽章の2倍のテンポ感で奏するのでしょう。 後半、ちょっと独特な感じのヘミオラがあって印象に残ります。

第3楽章はプレスト(速く)、8分の6拍子です。 ジークなのでしょう。 第3楽章のテンポをひきついで演奏するのだとすると、かなり速いテンポになります。 きわめて精彩に富む曲ですが、リピートについての指示もまったくなく、あっという間に終わってしまいます。

■ソナタ　ハ短調　作品3-2

5つの楽章から成り、リコーダーが高低2つの声部を表現しようとする箇所がたいへん多い曲です。

第1楽章はアダージョ(ゆっくりと)、4分の4拍子です。大きな跳躍進行を含むゼクエンツがゆっくりと下降してくる動きが耳に残る、ちょっと不思議な味わいの曲です。

第2楽章はアレグロ(快活に)、4分の4拍子です。16分音符を中心とする活発な感じのテーマを、変化を与えながら何度か扱っていきます。 最後は新しく「終結のためのモチーフ」を出してきます。

第3楽章は再びアダージョ、4分の4拍子。 付点のリズムを含むくっきりした感じのテーマで始まり、途中は32分音符によるはなやかなパッセージを挟んで後半は少し動きの多い音楽になります。

第4楽章はヴィヴァーチェ(生き生きと)、2分の3拍子です。堂々とした感じで始まるテーマと、その変奏という構成です。

第5楽章はプレスト(速く)、8分の6拍子で、ジークふうの音楽です。フレーズの長さが不規則なのと跳躍進行が多いのが特徴です。

■ソナタ　変ロ長調　作品3-3

4つの楽章から成り、すべて速い楽章という独特な構成です

第1楽章はアレグロ（快活に）、4分の4拍子で、決然としたテーマに始まり、八分音符跳躍の動きから、リズミカルな動き、はなやかな16分音符分散の動きへと続き、最後はまた八分音符の動きに戻ったかと思うとサッと切り上げます。

第2楽章もアレグロ・4分の4拍子で、16分音符が駆ける快速間あふれる音楽です。同音連打と音階的な動きを組み合わせた2声部の句が随所に用いられて爽快な効果を上げています。

第3楽章はヴィヴァーチェ（生きいきと）、2分の3拍子で、かなり速いテンポが合いそうです。力強いテーマに始まって気持ちよく進みます。やがて現れるシンコペーションのリズムや変化音（レ♭）が面白い効果を上げています。

第4楽章はまたもアレグロ・4分の4拍子で、付点の跳ねるリズムを基調とする音楽として始まります。しかし後半途中から、突如、均分リズムの音楽に戻って全曲をしめくくります。このあたりの自在さがフィンガーらしい持って行きかたです。

解説　石田誠司

Sonata F Major Op. 3-1

Gottfried Finger

Basso Continuo Realization : Seiji Ishida

Adagio

Alto Recorder

Basso Continuo
(Harpsichord)

4 3 6 ♮ 9

5 6 6

9 6 6 6 7 6

13 6 6 5 4 3♮ 6 6

17

Vivace
21
6
6
6
26
4 3
6
6
6
♮
32
6
6
6
6
37
42
6
6 5
6 5

Presto

Sonata C minor Op. 3-2

Gottfried Finger

Basso Continuo Realization : Seiji Ishida

1st Movement

Adagio

Alto Recorder

Basso Continuo
(Harpsichord)

2nd Movement

3rd Movement

4th Movement

G. Finger

Sonatas Vol. 1

F Major Op. 3-1
C minor Op. 3-2
B♭Major Op. 3-3

Ｇ．フィンガー　ソナタ集　第１巻

ヘ長調　　作品３−１
ハ短調　　作品３−２
変ロ長調　作品３−３

Alto Recorder

RJP

Sonata F Major Op. 3-1

(1st Movement)

Gottfried Finger

(3rd Movement)
Presto

Sonata C minor Op. 3-2

Gottfried Finger

3rd Movement

4th Movement

5th Movement

Sonata B♭ Major Op. 3-3

3rd Movement
Vivace

4th Movement

G. Finger

Sonatas Vol. 1

F Major Op. 3-1
C minor Op. 3-2
B♭Major Op. 3-3

Ｇ．フィンガー　ソナタ集　第１巻

ヘ長調　　作品３−１
ハ短調　　作品３−２
変ロ長調　作品３−３

Basso Continuo

RJP

Sonata F Major Op. 3-1

Gottfried Finger

34
39
44
49
(3rd Movement)
Presto
53
57
62
66
71

Sonata C minor Op. 3-2

Gottfried Finger

1st Movement

3rd Movement

5th Movement

Sonata B♭ Major Op. 3-3

Gottfried Finger

1st Movement

3rd Movement
Vivace
7
14
20
26
32
38
4th Movement
Allegro
5
11
16

5th Movement

Sonata B♭ Major Op. 3-3

Gottfried Finger

Basso Continuo Realization : Seiji Ishida

1st Movement

2nd Movement

3rd Movement

17
22
27
33
38

4th Movement

A5 版伴奏 CD ブック　定価 900 円＋税　より

ハンディなサイズの廉価版シリーズ。簡素な冊子に楽譜を収録し、伴奏と演奏例(模範演奏)のＣＤを添付。

チェンバロ伴奏ソナタ

■ 青島広志

RG-159	古典舞曲集 (S, B.C.)
RG-162	古典舞曲集 (A, B.C.)

■ アルビノーニ

RG-093	ソナタ	イ短調	作品 6-6

■ ヴァレンタイン

RG-205	ソナタ	ヘ長調	作品 2-1
RG-127	同	ハ長調	作品 5-1
RG-132	同	ニ短調	作品 5-2
RG-141	同	ヘ長調	作品 5-3
RG-144	同	ハ長調	作品 5-4
RG-151	同	変ロ長調	作品 5-5
RG-154	同	ホ短調	作品 5-6
RG-163	同	ト長調	作品 5-7
RG-167	同	ヘ長調	作品 5-8
RG-173	同	ヘ長調	作品 5-9
RG-178	同	ヘ長調	作品 5-10
RG-183	同	ハ長調	作品 5-11
RG-188	同	ヘ長調	作品 5-12

■ ヴェラチーニ

RG-045	ソナタ	第 1 番	ヘ長調
RG-066	同	第 2 番	ト長調
RG-024	同	第 3 番	ニ短調
RG-079	同	第 4 番	変ロ長調
RG-086	同	第 5 番	ハ長調
RG-076	同	第 6 番	イ短調
RG-091	同	第 7 番	ハ短調
RG-099	同	第 8 番	ヘ長調
RG-108	同	第 9 番	ト短調
RG-114	同	第 10 番	ニ短調
RG-118	同	第 11 番	ヘ長調
RG-122	同	第 12 番	ハ短調

■ ガリアルド

RG-049	ソナタ	第 1 番	ハ長調
RG-054	同	第 2 番	ニ短調
RG-092	同	第 3 番	ホ短調
RG-106	同	第 4 番	ヘ長調
RG-116	同	第 5 番	ト長調
RG-119	同	第 6 番	イ短調

■ コレルリ

RG-156	ソナタ	ヘ長調	作品 5-1
RE-003	同	ヘ長調	作品 5-4
RG-109	同	ト短調	作品 5-7
RG-130	同	ト短調	作品 5-8
RG-136	同	ハ長調	作品 5-9
RG-145	同	ト長調	作品 5-10
RG-147	同	ト長調	作品 5-11
RG-100	ラ・フォリア		作品 5-12
RG-140	トリオソナタ		作品 1-1
RG-143	同		作品 1-2
RG-149	同		作品 1-3
RG-153	同		作品 1-4
RG-161	同		作品 1-5
RG-166	同		作品 1-6
RG-171	同		作品 1-7
RG-177	同		作品 1-8
RG-181	同		作品 1-9
RG-185	同		作品 1-10
RG-190	同		作品 1-11
RG-194	同		作品 1-12

■ サンマルティーニ

RG-072	ソナタ(アルト 2 本)	第 1 番
RG-082	同	第 2 番
RG-087	同	第 3 番
RG-096	同	第 4 番
RG-062	同	第 5 番
RG-004A	同	第 6 番
RG-012A	同	第 7 番
RG-005A	同	第 8 番
RG-102	同	第 9 番
RG-107	同	第 10 番
RG-115	同	第 11 番
RG-120	同	第 12 番

■ シェドヴィル

RG-081	忠実な羊飼い	1 番	ハ長調
RG-042	同	2 番	ハ長調
RG-088	同	3 番	ト長調
RG-095	同	4 番	変ロ長調
RG-097	同	5 番	ハ長調
RG-019	同	6 番	ト短調

■ シックハルト

RG-203	ソナタ	ト長調	作品 17-1
RG-006A	同	ハ長調	作品 30-1
RG-007A	同	ハ短調	作品 30-2
RG-009A	同	変ニ長調	作品 30-3
RG-013A	同	嬰ハ短調	作品 30-4
RG-041	同	ニ長調	作品 30-5
RG-074	同	ニ短調	作品 30-6
RG-084	同	変ホ長調	作品 30-7
RG-103	同	変ホ短調	作品 30-8
RG-112	同	ホ長調	作品 30-9
RG-121	同	ホ短調	作品 30-10
RG-125	同	ヘ長調	作品 30-11
RG-129	同	ヘ短調	作品 30-12
RG-135	同	嬰ヘ長調	作品 30-13
RG-150	同	嬰ヘ短調	作品 30-14
RG-155	同	ト長調	作品 30-15
RG-164	同	ト短調	作品 30-16
RG-170	同	変イ長調	作品 30-17
RG-176	同	変イ短調	作品 30-18
RG-182	同	イ長調	作品 30-19
RG-187	同	イ短調	作品 30-20
RG-191	同	変ロ長調	作品 30-21
RG-195	同	変ロ短調	作品 30-22
RG-199	同	ロ長調	作品 30-23
RG-202	同	ロ短調	作品 30-24

■ 鈴木朝子

RG-172	ワルツ（アルト 2 本）

■ 高橋たかね

RG-077	幻想曲「秋草」

■ 田淵宏幸

RG-050	ソナタ・イタリアーナ

■ テレマン

RB-005A	ソナタ	ハ長調	TWV41:C5
RB-006A	同	ニ短調	TWV41:d4
RB-007A	同	ヘ短調	TWV41:f1
RB-012A	同	ハ長調	TWV41:C2
RB-014A	同	ヘ長調	TWV41:F2
RB-015A	同	変ロ長調	TWV41:B3
RB-016A	同	「小ヘ短調」	TWV41:f2
RB-026	ソナチネ	ハ短調	TWV41:c2
RB-027	ソナチネ	イ短調	TWV41:a4
RB-030	装飾範例つきソナタ		第1番
RB-031	同		第2番
RB-032	同		第3番
RB-033	同		第4番
RB-034	同		第5番
RB-035	同		第6番
RB-036	同		第7番
RB-037	同		第8番
RB-038	同		第9番
RB-039	同		第 10 番
RB-040	同		第 11 番
RB-041	同		第 12 番

■ 新実徳英

RG-179	リコーダーソングブック 1
RG-186	リコーダーソングブック 2

■ パーセル（ダニエル）

RG-031	ソナタ	第 1 番	ヘ長調
RG-069	同	第 2 番	ニ短調
RG-085	同	第 3 番	ハ長調

■ バッハ

RB-008A	ソナタ	ト短調	BWV1020
RB-009A	同	イ短調	BWV1030 より
RB-010A	同	ヘ長調	BWV1031 より
RB-017	同	ハ長調	BWV1033
RB-017S	同	変ロ長調	BWV1033 より
RB-018	同	ニ短調	BWV1014 より
RB-019	同	ト短調	BWV1034 より
RB-020	同	ヘ長調	BWV1035 より
RB-021	同	ハ短調	BWV1030 より
RB-022	同	変ロ長調	BWV1015 より
RB-023	同	ヘ長調	BWV1016 より
RB-024	同	ニ短調	BWV1017 より
RB-025	同	ト短調	BWV1018 より
RB-028	同	変ロ長調	BWV1019 より

※ RB-017S はソプラノ用です。

■ バルサンティ

RG-027	ソナタ	ニ短調	作品 1-1
RG-022	同	ハ長調	作品 1-2
RG-025	同	ト短調	作品 1-3
RG-033	同	ハ短調	作品 1-4
RG-035	同	ヘ長調	作品 1-5
RG-039	同	変ロ長調	作品 1-6

■ ビガリア

RG-028	ソナタ	イ短調

※ RG-028 はソプラノ用です

■ フィンガー

RG-126	ソナタ	ヘ長調	作品 3-1
RG-133	同	ハ短調	作品 3-2
RG-200	同	変ロ長調	作品 3-3

■ペープシュ

RG-055	ソナタ	第１番	ハ長調
RG-089	同	第２番	ニ短調
RG-098	同	第３番	ト長調
RG-104	同	第４番	ヘ長調
RG-110	同	第５番	変ロ長調
RG-113	同	第６番	変ロ長調
RG-198	同	第７番	ハ長調

■ヘンデル

RB-001A	ソナタ	ト短調	HWV360
RB-002A	同	イ短調	HWV362
RB-003A	同	ハ長調	HWV365
RB-004A	同	ニ短調	HWV367a
RB-011A	同	ヘ長調	HWV369
RB-013A	同	変ロ長調	HWV377
RB-029	同	ヘ長調	Op.1-13より

■ボノンチーニ

RG-131	室内嬉遊曲	第１番
RG-134	同	第２番
RG-138	同	第３番
RG-142	同	第４番
RG-146	同	第５番
RG-157	同	第６番
RG-168	同	第７番
RG-174	同	第８番

■マルチェロ

RG-037	ソナタ	ヘ長調	作品2-1
RG-021	同	ニ短調	作品2-2
RG-047	同	ト短調	作品2-3
RG-051	同	ホ短調	作品2-4
RG-057	同	ト長調	作品2-5
RG-016	同	ハ長調	作品2-6
RG-018	同	変ロ長調	作品2-7
RG-059	同	ニ短調	作品2-8
RG-065	同	ハ長調	作品2-9
RG-067	同	イ短調	作品2-10
RG-080	同	ト短調	作品2-11
RG-044	同	ヘ長調	作品2-12

■マンチーニ

RG-123	ソナタ	第１番	ニ短調
RG-137	同	第２番	ホ短調
RG-180	同	第３番	ハ短調
RG-184	同	第４番	イ短調
RG-189	同	第５番	ニ長調
RG-193	同	第６番	変ロ長調
RG-197	同	第７番	ハ長調
RG-060	同	第10番	ロ短調
RG-040	同	第11番	ト短調
RG-063	同	第12番	ト長調

■森　好美

RG-052	幻想曲ふうソタ	ホ短調

※RJP委嘱作品

■ルイエ

RG-008A	ソナタ	イ短調	作品1-1
RG-010A	同	ニ短調	作品1-2
RG-011A	同	ト長調	作品1-3
RG-001A	同	ヘ長調	作品1-4
RG-002A	同	変ロ長調	作品1-5
RG-003A	同	ハ長調	作品1-6
RG-014A	同	ハ短調	作品1-7
RG-015	同	ニ短調	作品1-8
RG-017	同	ト短調	作品1-9
RG-020	同	ヘ長調	作品1-10
RG-023	同	ト長調	作品1-11
RG-026	同	ホ短調	作品1-12
RG-029	同	ヘ長調	作品2-1
RG-030	同	ト短調	作品2-2
RG-032	同	ニ短調	作品2-3
RG-034	ソナタ	変ロ長調	作品2-4
RG-036	同	ハ短調	作品2-5
RG-038	同	ト長調	作品2-6
RG-043	同	ホ短調	作品2-7
RG-046	同	ヘ長調	作品2-8
RG-048	同	ト短調	作品2-9
RG-053	同	ニ長調	作品2-10
RG-056	同	ト短調	作品2-11
RG-058	同	イ短調	作品2-12
RG-061	同	ト長調	作品3-1
RG-064	同	ハ短調	作品3-2
RG-068	同	ホ短調	作品3-3
RG-070	同	変ホ長調	作品3-4
RG-071	同	ヘ長調	作品3-5
RG-073	同	変ロ長調	作品3-6
RG-075	同	ニ短調	作品3-7
RG-078	同	イ長調	作品3-8
RG-083	同	ホ短調	作品3-9
RG-090	同	ニ短調	作品3-10
RG-094	同	イ短調	作品3-11
RG-101	同	ヘ長調	作品3-12
RG-105	同	ト長調	作品4-1
RG-111	同	ハ短調	作品4-2
RG-117	同	ハ長調	作品4-3
RG-124	同	変ロ長調	作品4-4
RG-128	同	ハ短調	作品4-5
RG-139	同	ト短調	作品4-6
RG-148	同	ニ長調	作品4-7
RG-152	同	ヘ長調	作品4-8
RG-160	同	ト長調	作品4-9
RG-165	同	ハ長調	作品4-10
RG-169	同	ヘ短調	作品4-11
RG-175	同	イ短調	作品4-12

■レオナルド・レオ

RG-196	ソナタ	第1番	ヘ長調
RG-201	ソナタ	第2番	ハ長調
RG-192	ソナタ	第5番	ヘ長調

アンサンブル曲

■小竹知紀

RL-006	パストラル／イマーゴ	(SATGb)

■近藤浩平

RL-035	海の笛・山の笛	(AATB)

■シックハルト

RL-009	リコーダーの原理	第１分冊(AA)
RL-010	リコーダーの原理	第２分冊(AA)
RL-012	リコーダーの原理	第３分冊(AA)
RL-013	リコーダーの原理	第４分冊(AA)

■シューベルト

RL-014	アルペジョーネソナタ	1楽章(A/BC)
RL-015	アルペジョーネソナタ	2・3楽章(A/BC)

■テレマン

RL-004	カノンソナタ	第１番(AA)
RL-005	カノンソナタ	第３番(AA)
RL-016	デュオソナタ	第１番(AA)
RL-017	デュオソナタ	第２番(AA)
RL-019	デュオソナタ	第３番(AA)
RL-021	デュオソナタ	第４番(AA)
RL-024	デュオソナタ	第５番(AA)
RL-031	デュオソナタ	第６番(AA)

■バッハ

RL-022	小フーガ ト短調	(SATB)
RL-003	フーガの技法	第１番(SATB)
RL-018	フーガの技法	第２番(SATB)
RL-020	フーガの技法	第３番(SATB)
RL-023	フーガの技法	第４番(SATB)
RL-025	フーガの技法	第５番(SATB)
RL-034	フーガの技法	第６番(SATB)
RL-041	フーガの技法	第７番(SATB)
RL-044	フーガの技法	第８番(STB)
RL-046	フーガの技法	第９番(SATB)
RL-047	フーガの技法	第10番(SATB)
RL-049	フーガの技法	第11番(SATB)
RL-051	フーガの技法	第12番(SATB)
RL-053	フーガの技法	第13番(SATB)
RL-055	フーガの技法	第14番(SAB)
RL-057	フーガの技法	第15番(SAB)
RL-007	ブランデンブルグ４番	1楽章(AA/BC+Vn)
RL-008	同	2・3楽章(AA/BC+Vn)
RL-032-1	ブランデンブルグ６番	楽章(AA/BC)
RL-032-2	同	2・3楽章(AA/BC)
RL-063-1	管弦楽組曲第２番より	1～3 (A/BC)
RL-063-2	同	4～7 (A/BC)

■パッヘルベル

RL-001	パッヘルベルのカノン(AAA/BC)

■フィンガー

RL-070	デュオソナタ 作品2-1(AA)

■ブラウン

RL-026	第1組曲	作品2-1(AA)
RL-027	第2組曲	作品2-2(AA)
RL-029	第3組曲	作品2-3(AA)
RL-033	第4組曲	作品2-4(AA)
RL-037	第5組曲	作品2-5(AA)
RL-042	第6組曲	作品2-6(AA)

■ボワモルティエ

RL-050	組曲	作品11-1	(AA)
RL-052	組曲	作品11-2	(AA)
RL-054	組曲	作品11-3	(AA)
RL-056	組曲	作品11-4	(AA)
RL-058	組曲	作品11-5	(AA)
RL-061	組曲	作品11-6	(AA)
RL-026	組曲	作品17-1	(AA)
RL-036	組曲	作品17-2	(AA)
RL-040	組曲	作品17-3	(AA)
RL-043	組曲	作品17-4	(AA)
RL-045	組曲	作品17-5	(AA)
RL-048	組曲	作品17-6	(AA)
RL-064	組曲	作品27-1	(AA)
RL-066	組曲	作品27-2	(AA)
RL-068	組曲	作品27-3	(AA)
RL-070	組曲	作品27-4	(AA)

■松崎泰治

RL-011	クリーガー変奏曲	(SA)

■モーツァルト

RL-028	フルート四重奏曲 KV285	(A/BC)

■門田展弥

RL-038	オランダ幻想	(Ens)
RL-039	オランダ点描	(AA)

■ルイエ

RL-059	デュオソナタ	第1番	(AA)
RL-060	デュオソナタ	第2番	(AA)
RL-062	デュオソナタ	第3番	(AA)
RL-065	デュオソナタ	第4番	(AA)
RL-067	デュオソナタ	第5番	(AA)
RL-069	デュオソナタ	第6番	(AA)

■作者不詳

RL-002	グリーンスリーブズ	(A/BC)

■Disc 1 トラックリスト■

標準テンポの伴奏 / **Acc. in Recommended Tempo**

ソナタ　ヘ長調　作品3-1	Sonata F Major Op. 3-1
1 全楽章通し	1 All Mvts.
2 第1楽章	2 1st Mvt.
3 第2楽章	3 2nd Mvt.
4 第3楽章	4 3rd Mvt.

ソナタ　ハ短調　作品3-2	Sonata C minor Op. 3-2
5 第1楽章	5 1st Mvt.
6 第2楽章	6 2nd Mvt.
7 第3楽章	7 3rd Mvt.
8 第4楽章	8 4th Mvt.
9 第5楽章	9 5th Mvt.

ソナタ　変ロ長調　作品3-3	Sonata B♭ Major Op. 3-3
10 第1楽章	10 1st Mvt.
11 第2楽章	11 2nd Mvt.
12 第3楽章	12 3rd Mvt.
13 第4楽章	13 4th Mvt.

演奏例 / **Complete Version**

ソナタ　ヘ長調　作品3-1	Sonata F Major Op. 3-1
14 全楽章通し	14 1st Mvt.

ソナタ　ハ短調　作品3-2	Sonata C minor Op. 3-2
15 第1楽章	15 1st Mvt.
16 第2楽章	16 2nd Mvt.
17 第3楽章	17 3rd Mvt.
18 第4楽章	18 4th Mvt.
19 第5楽章	19 5th Mvt.

ソナタ　変ロ長調　作品3-3	Sonata B♭ Major Op. 3-3
20 第1楽章	20 1st Mvt.
21 第2楽章	21 2nd Mvt.
22 第3楽章	22 3rd Mvt.
23 第4楽章	23 4th Mvt.

■Disc 2 トラックリスト■

各種テンポの伴奏 / **Acc. in Variours Tempos**

ソナタ　ヘ長調　作品3-1		Sonata F Major Op. 3-1	
1 全楽章通し	非常に遅い	1 All Mvts.	very slow
2 全楽章通し	やや遅い	2 All Mvts.	a little slow
3 全楽章通し	やや速い	3 All Mvts.	a little fast
4 第1楽章	非常に遅い	4 1st Mvt.	very slow
5 第1楽章	やや遅い	5 1st Mvt.	a little slow
6 第1楽章	やや速い	6 1st Mvt.	a little fast
7 第2楽章	非常に遅い	7 2nd Mvt.	very slow
8 第2楽章	やや遅い	8 2nd Mvt.	a little slow
9 第2楽章	やや速い	9 2nd Mvt.	a little fast
10 第3楽章	極端に遅い	10 3rd Mvt.	extremely slow
11 第3楽章	非常に遅い	11 3rd Mvt.	very slow
12 第3楽章	やや遅い	12 4th Mvt.	a little slow
13 第3楽章	やや速い	13 4th Mvt.	a little fast

ソナタ　ハ短調　作品3-2		Sonata C minor Op. 3-2	
14 第1楽章	やや速い	14 1st Mvt.	a little fast
15 第2楽章	極端に遅い	15 2nd Mvt.	extremely slow
16 第2楽章	非常に遅い	16 2nd Mvt.	very slow
17 第2楽章	やや遅い	17 2nd Mvt.	a little slow
18 第2楽章	やや速い	18 2nd Mvt.	a little fast
19 第2楽章	非常に速い (1)	19 2nd Mvt.	very fast (1)
20 第2楽章	非常に速い (2)	20 2nd Mvt.	very fast (2)
21 第3楽章	やや遅い	21 3rd Mvt.	a little slow
22 第4楽章	極端に遅い	22 4th Mvt.	extremely slow
23 第4楽章	やや遅い	23 4th Mvt.	a little slow
24 第5楽章	極端に遅い	24 5th Mvt.	extremely slow
25 第5楽章	非常に遅い	25 5th Mvt.	very slow
26 第5楽章	やや速い	26 5th Mvt.	a little fast
27 第5楽章	非常に速い	27 5th Mvt.	very fast

ソナタ　変ロ長調　作品3-3		Sonata B♭ Major Op. 3-3	
28 第1楽章	極端に遅い (1)	28 1st Mvt.	extremely slow (1)
29 第1楽章	極端に遅い (2)	29 1st Mvt.	extremely slow (2)
30 第1楽章	非常に遅い	30 1st Mvt.	very slow
31 第1楽章	やや遅い	31 1st Mvt.	a little slow
32 第1楽章	やや速い	32 1st Mvt.	a little fast
33 第2楽章	極端に遅い	33 2nd Mvt.	extremely slow
34 第2楽章	非常に遅い	34 2nd Mvt.	very slow
35 第2楽章	やや遅い	35 2nd Mvt.	a little slow
36 第2楽章	やや速い	36 2nd Mvt.	a little fast
37 第3楽章	非常に遅い	37 3rd Mvt.	very slow
38 第3楽章	やや遅い	38 3rd Mvt.	a little slow
39 第3楽章	やや速い	39 3rd Mvt.	a little fast
40 第4楽章	極端に遅い	40 4th Mvt.	extremely slow
41 第4楽章	非常に遅い	41 4th Mvt.	very slow
42 第4楽章	やや遅い	42 4th Mvt.	a little slow
43 第4楽章	やや速い	43 4th Mvt.	a little fast

伴奏はすべて石田誠司が演奏しました。

CDに収録した演奏例は、ほとんどがアマチュア奏者によるものです。鑑賞されることや模範とされることを意図して収録したものではなく、楽譜を読むことが苦手なかたの参考となることを期待しているにすぎません。

本書に添付したCDにおける演奏者は次の通りです。

ソナタ　ヘ長調　作品3－1 ------ 石田誠司
ソナタ　ハ短調　作品3－2 ------- 石田誠司
ソナタ　変ロ長調　作品3－3 ------- 石田誠司

All accompaniments were played by Seiji Ishida.

Most of the recordings on the CDs are performances by amateurs. They are not meant to be appreciated or followed as models, but are only expected to be of some help to those who cannot interpret music notes well.

The following are the recorder players in the present CD:

Sonata F Major Op. 3-1 --------- Seiji Ishida
Sonata C minor Op. 3-2 --------- Seiji Ishida
Sonata B♭ Major Op. 3-3 --------- Seiji Ishida

書名：G．フィンガー　ソナタ集　第1巻
編著：石田誠司
第1版発行：2019年4月1日

ISBN978-4-86266-703-8　C0073 ¥3800E

発行：リコーダージェーピー有限会社
〒558-0051 大阪市住吉区東粉浜 1-1-21
TEL/06-6675-7771　FAX/06-4701-6566